MINCEUR & GASTRONOMIE

michel
montignac

viandes et volailles minceur

50 RECETTES À INDEX GLYCÉMIQUE FAIBLE

Alpen

Pour la présente Édition © 2008, Alpen Éditions - 9, avenue Albert II - MC - 98000 MONACO
Tél. : 00377 97 77 62 10 - Fax : 00377 97 77 62 11 - www.alpen.mc

Direction : Christophe Didierlaurent
Suivi éditorial : Fabienne Desmarets
Mise en page et infographie : Alexandre Milhem

Crédits photos : Anthony Lanneretonne
Styliste culinaire : Carine Zurbach
Remerciements à : - La maison Guy Degrenne et Tom Gueugnon
- La boutique Le Faubourg, 3-11 rue Victor Cousin 06400 Cannes, Tél. : 04 93 39 04 84

Dépôt légal : 1er semestre 2008 - ISBN13 : 978-2-916784-28-1

Imprimé en Italie - Imprimerie Papergraf

Introduction

La méthode Montignac *, née en France en 1986, n'avait au départ aucune autre prétention que de fournir à ceux qui étaient en surcharge pondérale une solution pour maigrir facilement et durablement sans s'imposer d'insupportables restrictions alimentaires quantitatives.

Elle a ainsi construit sa notoriété sur son efficacité. C'est d'ailleurs le bouche-à-oreille qui a toujours été le vecteur principal de son succès.

Dès les premières années de la publication du fameux : Je mange, donc je maigris, l'un des plus grands best-sellers mondiaux dans sa spécialité, les témoignages reçus ne faisaient pas seulement état de pertes de poids spectaculaires, faciles à obtenir. Ces témoignages mentionnaient aussi des effets secondaires bénéfiques en terme de santé du fait des modifications alimentaires mises en œuvre dans l'application de ladite méthode.

C'est ainsi que l'on découvrit que le suivi de la méthode Montignac entraînait une diminution des facteurs de risques cardio-vasculaires (cholestérol, triglycérides et hypertension, notamment) et permettait aussi de prévenir et de diminuer le développement du diabète de type II.

Enfin, les premiers milliers de lecteurs des livres firent remarquer que dans la mesure où tous les produits festifs étaient autorisés dans la méthode Montignac (vin, champagne, foie gras, crustacés...), de même que les produits du terroir (cassoulet, petit salé aux lentilles, bouillabaisse...), ce mode alimentaire était véritablement la conciliation de la diététique et de la gastronomie.

C'est ainsi que naquit un nouveau concept, celui de la « Gastronomie Nutritionnelle® » dont les principes sous-tendent toutes les « recettes Montignac », ce qui est particulièrement le cas dans le présent ouvrage.

Cuisiner, c'est d'abord se faire plaisir et, par la même occasion, c'est faire plaisir aux autres, à ceux que l'on aime en particulier.
Mais « cuisiner Montignac » c'est, au-delà du plaisir gustatif, être certain que le repas que l'on prépare est aussi hautement bénéfique pour la santé.

Tous mes vœux vous accompagnent donc dans la mise en œuvre pratique des recettes de ce livre.

Michel Montignac.

** Pour en savoir plus sur la « méthode Montignac », visitez le site : www.montignac.com*

Sommaire

L'échec du régime hypocalorique

Depuis un siècle, l'obésité dans les pays occidentaux a été multipliée en moyenne par huit, le record appartenant aux États-Unis dont la population est aujourd'hui obèse à 35 %.

Mais désormais, ce fléau ne touche pas que les seuls pays industrialisés. En 1997, l'Organisation mondiale de la santé (OMS) a véritablement tiré le signal d'alarme en dénonçant le fait que tous les pays dans le monde étaient désormais concernés par ce qu'elle considère comme une véritable épidémie.

Essayons donc de comprendre quelles sont les véritables causes de ce phénomène sans précédent dans l'histoire de l'humanité.
En en découvrant les vraies raisons, nous comprendrons par la même occasion, même si nous ne sommes pas obèses, pourquoi nous avons tendance à prendre du poids aussi facilement aujourd'hui.

Et puis nous découvrirons surtout comment, en mettant en œuvre quelques principes de base, nous pourrons non seulement nous débarrasser de nos kilogrammes superflus mais surtout garder notre poids idéal pour toujours, tout en mangeant en quantité normale, y compris des aliments festifs comme le chocolat, le foie gras et le vin.

Le paradoxe américain

Dans les années 1930, alors que le taux d'obésité aux États-Unis avait passé les 8 %, un certain nombre de médecins de ce pays se préoccupèrent de découvrir les causes du phénomène.

Alors que les États-Unis produisaient déjà à cette époque plus de nourriture que ses besoins ne l'exigeaient et que la généralisation de la mécanisation et du confort réduisait la dépense énergétique de la population, ces scientifiques arrivèrent très rapidement à la conclusion suivante. Si les habitants des États-Unis sont de plus en plus gros, c'est pour deux raisons : d'une part ils mangent trop et d'autre part ils ne se dépensent pas assez.

C'est ainsi que fut officiellement défini le principe de l'« équilibre énergétique » selon lequel, si on désirait perdre du poids, il convenait de manger moins (régimes hypocaloriques) et de faire plus d'exercice.

Depuis le début des années 1940, les habitants des États-Unis, convaincus de la justesse de ce concept, appliquent donc avec rigueur la théorie diététique de l'équilibre énergétique.

La valeur calorique des aliments est ainsi devenue une telle obsession que près de 80 % d'entre eux consomment aujourd'hui des aliments allégés. Leur hantise des graisses est même devenue proche de la paranoïa. Ils sont par ailleurs les plus gros consommateurs de faux sucres (édulcorants de synthèse) et ce sont ceux dans le monde qui consacrent le plus de temps à faire du sport.

Cependant, le record mondial de l'obésité auquel les États-Unis sont parvenus depuis peut sérieusement faire douter de l'efficacité d'un tel programme.
La réduction obsessionnelle des calories par les habitants n'a en effet en rien contribué à faire baisser l'obésité dans leur pays.

De nombreuses études épidémiologiques publiées depuis dix ans et portant sur l'observation des comportements alimentaires de ces cinquante dernières années nous apportent même des informations tout à fait paradoxales.
Depuis 1960, les apports énergétiques quotidiens fournis par l'alimentation dans les pays occidentaux ont en moyenne diminué de 30 à 35 %. Or paradoxalement, l'obésité a augmenté de 400 % durant la même période.

Le même constat est fait aussi dans d'autres continents.

L'enquête Suvimax, effectuée en France sur 13 000 personnes suivies pendant huit ans, de 1995 à 2003, révélait que le taux d'obésité avait augmenté de 30 % alors que sur la même période les apports caloriques quotidiens avaient diminué de 6 %.

La consommation calorique moyenne des Français et surtout des Françaises est même aujourd'hui inférieure de 20 % aux recommandations officielles des nutritionnistes, alors que le taux d'obésité de la population concernée ne cesse d'augmenter.

Différentes enquêtes (par exemple Ob. Efi 2006) montrent même que c'est paradoxalement dans les catégories professionnelles où l'exercice physique est important (agriculteurs, artisans, ouvriers, femmes de ménage...) que le taux d'obésité est le plus élevé.

Par ailleurs, il faut savoir que dans tous les pays occidentaux, et notamment en France, le temps consacré à l'exercice physique et au sport a plus que doublé depuis 1960 alors que sur la même période l'obésité a été multipliée par trois.

Enfin, on sait aujourd'hui que ce ne sont pas les graisses qui font grossir. Ainsi par exemple, dans les pays comme le Maroc, l'Arabie Saoudite, la Russie ou encore l'Afrique du Sud, la consommation des graisses est très inférieure aux minima des recommandations officielles (30 % des apports énergétiques). Or on trouve dans ces pays des taux d'obésité très supérieurs à la plupart des pays qui consomment plus de graisse. C'est ainsi que dans le régime crétois, l'apport en graisse est de 45 %. Pourtant les Crétois sont parmi les gens les plus minces de la terre.

Ainsi, deux conclusions s'imposent :
• Contrairement à ce que l'on a cru pendant longtemps, le facteur énergétique de l'aliment (donc calorique) **n'est pas déterminant** dans la prise de poids ;

• Le concept de l'**équilibre énergétique** sur lequel sont fondés les régimes hypocaloriques **est faux** !

Mais alors, qu'est-ce qui fait grossir, si ce n'est pas l'excès de calories et l'insuffisance de l'exercice physique ?
Pour le comprendre, il convient préalablement de découvrir deux notions importantes concernant deux facteurs clés du métabolisme :
• La glycémie ;
• La sécrétion d'insuline.

La glycémie

La glycémie correspond au taux de glucose que nous avons dans le sang. C'est ce qu'on appelle communément le « taux de sucre » du sang.

À jeun, le matin, le niveau de la glycémie est environ de 1 g par litre de sang.
Lorsque nous consommons un glucide (par exemple une tartine de pain au petit déjeuner), la glycémie s'élève (au bout d'une demi-heure environ) jusqu'à atteindre un pic de glycémie.

C'est à ce moment-là que **le pancréas**, l'un des organes clés du métabolisme, déclenche la sécrétion d'une hormone appelée **insuline**.

La sécrétion d'insuline a pour objet de diminuer la glycémie et ainsi de chasser le glucose du sang pour le stocker dans les tissus musculaires ou dans le foie (glycogène).

La courbe de glycémie redescend alors pour retrouver son niveau de croisière autour de 1 g par litre de sang, constituant ainsi une réserve permanente de glucose dans laquelle l'organisme (et en particulier le cerveau) peut puiser en permanence.

Dès que la glycémie se trouve en dessous de 0,8 g/l de sang, le pancréas secrète une autre hormone, **le glucagon**, chargée de remonter le niveau en allant puiser dans les réserves.

Il y a donc deux cas de figure à considérer :

• Chez une personne en bonne santé et qui notamment n'a pas de problème de poids, la quan-

Glycémie et sécrétion insulinique

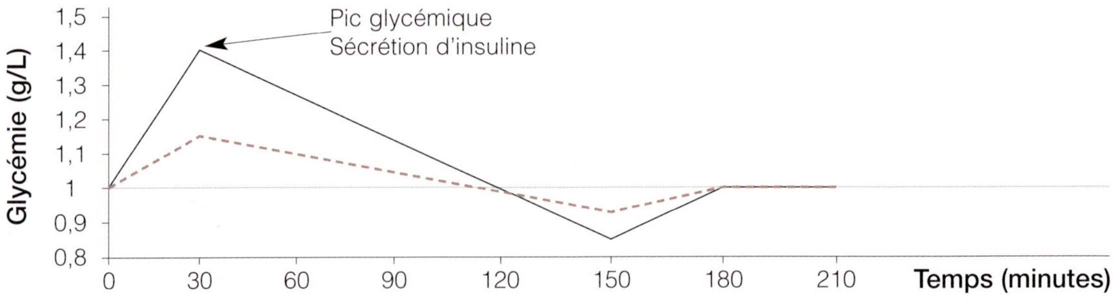

tité d'insuline sécrétée est proportionnelle au niveau de la glycémie. Cela veut dire que le pancréas produit juste la quantité d'insuline nécessaire pour ramener la glycémie à son niveau normal.

• Chez une personne en surcharge pondérale, et a fortiori obèse, la sécrétion d'insuline sera excédentaire par rapport aux besoins pour faire baisser la glycémie. En d'autres termes, le pancréas va sécréter plus d'insuline qu'il lui en faut pour ramener la glycémie à son niveau normal.

Cet excès de sécrétion est dû à une mauvaise reconnaissance de l'insuline. Au départ, le pancréas sécrète une dose normale d'insuline, mais comme cette dernière est mal reconnue par l'organisme, le pancréas « s'affole » en constatant que la glycémie ne descend pas et décide de sécréter une dose supplémentaire d'insuline. On dit dans ce cas qu'il y a **insulinorésistance**.

Mais c'est en fait la dose excessive d'insuline que l'on appelle hyperinsulinisme.
Ce terme un peu scientifique est important à retenir, car comme nous allons le voir, l'hyperinsulinisme est la cause fonctionnelle de la prise de poids.

L'hyperinsulinisme

Tous ceux qui ont un problème de poids, et a fortiori les obèses, souffrent d'hyperinsulinisme. Car c'est bien ce résiduel d'insuline qui, selon son importance, va générer une prise de poids.
En l'absence d'hyperinsulinisme, l'énergie du repas précédent est majoritairement brûlée. C'est pourquoi il n'y a pas de risque de prise de poids.

Inversement, en présence d'hyperinsulinisme, le résiduel d'insuline va activer une fonction appelée **lipogenèse** qui consiste à mobiliser l'énergie du repas (en particulier les graisses) pour les stocker en graisses de réserve.

En d'autres termes, en présence d'hyperinsulinisme, l'énergie du repas est orientée préférentiellement vers le stockage alors qu'en temps normal (en l'absence d'hyperinsulinisme) cette énergie aurait été brûlée.

Certains glucides sont responsables de l'hyperinsulinisme.

Jusqu'au milieu des années 1970, on pensait qu'à calories égales, tous les glucides avaient la même incidence sur la glycémie.
Et puis, des chercheurs en diabétologie ont montré qu'au contraire, pour un même contenu en sucre ou en amidons, deux glucides pouvaient entraîner des glycémies totalement différentes.

Une portion de pommes de terre, de maïs ou de pain blanc peut se traduire métaboliquement par une glycémie deux à trois fois plus importante que celle d'une portion de lentilles vertes, pour le même contenu calorique.
Avec les pommes de terre (ou le maïs ou le pain blanc), la réponse glycémique est élevée, ce qui entraîne une réponse insulinique forte.

Si l'on a tendance à prendre du poids, ce qui indique que l'on fait de l'hyperinsulinisme, il y a de fortes chances pour que la réponse insulinique soit excessive au point de stimuler la lipogenèse, c'est-à-dire d'orienter l'énergie correspondante vers le stockage au détriment du brûlage.

Tableau des index glycémiques*

Glucides à index glycémique élevé

Maltose (bière)	100
Glucose	100
Pommes de terre au four	95
Pommes de terre frites	95
Farine de riz	95
Amidons modifiés	95
Purée de pommes de terre	90
Chips	90
Miel	85
Pain blanc (hamburger)	85
Carottes cuites	85
Corn flakes, pop corn	85
Riz à cuisson rapide	85
Gâteau de riz	85
Riz soufflé	85
Fèves cuites	80
Potiron	75
Pastèque	75
Sucre (sacharose)	70
Pain blanc (baguette)	70
Céréales raffinées sucrées	70
Barres chocolatées	70
Pommes de terre bouillies pelées	70
Colas, sodas	70
Biscuits	70
Maïs moderne	70
Riz blanc	70
Nouilles, raviolis	70
Raisins secs	65
Pain bis	65
Pommes de terre cuites dans la peau	65
Betteraves	65
Confitures sucrées	65
Semoule raffinée	60
Riz long	60
Bananes, melons	60
Spaghettis blancs bien cuits	55
Biscuits sablés	55

Glucides à index glycémique faible

Riz complet	50
Riz basmati long	50
Patates douces	50
Pâtes complètes (blé entier)	50
Spaghettis al dente	45
Petits pois frais	40
Céréales complètes sans sucre	40
Flocons d'avoine	40
Haricots rouges	40
Jus de fruits frais sans sucre	40
Pumpernickel	40
Pain de seigle complet	40
Pain 100 % intégral	40
Glace aux alginates	40
Pâtes intégrales al dente	40
Figues, abricots secs	35
Maïs ancestral (indien)	35
Riz sauvage	35
Quinoa	35
Carottes crues	30
Laitages	30
Haricots secs blancs	30
Lentilles brunes, jaunes	30
Pois chiches	30
Pommes, poires, oranges fraîches	30
Haricots verts	30
Vermicelles de soja	30
Marmelade sans sucre	22
Lentilles vertes	22
Flageolets	22
Pois cassés	22
Chocolat noir (+70 % de cacao)	22
Fructose	20
Soja	15
Amandes, noix, cacahuètes…	15
Tomates	15
Abricots frais	<15
Légumes verts	<15

** Retrouvez le tableau complet en fin de livre*

Dans ce cas, l'essentiel de l'énergie du repas (y compris les graisses éventuelles consommées avec les lentilles) sera brûlé, évitant ainsi toute prise de poids.

Aussi, même pour quelqu'un qui a tendance à grossir, le choix des lentilles plutôt que des pommes de terre lui aura permis de manger la même proportion calorique de glucide sans risque de prise de poids.

L'expérience montre en plus que si l'on est en surcharge pondérale, le fait d'avoir une insuline basse à la fin du repas entraîne le phénomène dit de la lipolyse, qui consiste pour l'organisme à libérer les graisses en excès dans les cellules pour qu'elles soient brûlées, d'où l'amaigrissement.

En 1981, un chercheur canadien a établi une classification exhaustive des glucides en fonction de leurs effets sur la glycémie. Il a aussi été amené à construire une échelle de valeur à partir du glucose pur à qui il a donné la valeur 100. Puis il a étalonné tous les principaux glucides par rapport à la glycémie qu'ils induisaient pour une même proportion de glucose pur. Chaque aliment s'est vu ainsi attribuer un index **glycémique**.

C'est ainsi que l'on a montré que l'index glycémique (IG) de la pomme de terre est de 95 (très proche du glucose pur) alors que celui des lentilles vertes est seulement de 20, pour une même proportion de glucide pur.

On peut donc en conclure que certains glucides, du fait de l'hyperinsulinisme qu'ils déclenchent, sont indirectement responsables de la prise de poids.

C'est pourquoi, comme nous le verrons dans la méthode Montignac, si l'on veut maigrir, il ne sert à rien de manger moins ou de faire plus d'exercice, il suffit de manger différemment en faisant les bons choix alimentaires.

Si nous examinons le tableau des index glycémiques, force est de constater que tous les aliments de la colonne de gauche entraînent une élévation importante de la glycémie. Leur index glycémique (IG) étant élevé, on dit que ce sont des aliments **hyperglycémiants**.

Comme nous l'avons vu précédemment, leur consommation entraîne une réponse insulinique élevée qui se traduit par un hyperinsulinisme chez tous ceux qui ont un problème de poids.

Inversement, les glucides de la colonne de droite ont des IG bas. Leur potentiel métabolique est donc faiblement glycémiant. Leur consommation n'entraîne donc qu'une faible glycémie et même très faible, voire insignifiante pour les IG inférieurs à 35.

En réalité, la sécrétion d'insuline est si faible qu'elle n'a pas la capacité de déclencher le moindre hyperinsulinisme. Leur énergie ainsi que celle des autres aliments du repas **sera donc brûlée** en grande partie.
Vous avez donc compris que pour prévenir la prise de poids, et a fortiori pour maigrir, il conviendra de consommer des glucides à IG bas en évitant les glucides à IG élevés. Ce qui est l'un des principes fondateurs de la méthode Montignac.

L'hyperinsulinisme : la maladie du siècle

Un nouveau coup d'œil au tableau des index glycémiques nous fera remarquer que les aliments que l'on consomme aujourd'hui sont pour l'essentiel dans la colonne de gauche, celle des IG élevés. On y trouve en effet tous les aliments modernes (pommes de terre, sucre) et surtout les aliments transformés (industriellement), notamment les farines raffinées.

Au contraire, les aliments de la colonne de droite (légumes, fruits, céréales brutes et légumineuses) correspondent plutôt à l'alimentation de nos grands-parents et plus généralement de nos ancêtres. La résultante glycémique de leurs repas était donc faible, leur pancréas était donc peu sollicité dans sa fonction insulinique et le risque de provoquer de l'hyperinsulinisme était donc faible, voire nul.

Inversement, les habitudes alimentaires modernes privilégient les aliments à IG élevé. La résultante glycémique des repas de nos contemporains est donc particulièrement haute, ce qui a pour conséquence de stimuler d'une manière excessive le pancréas. C'est ainsi que ce dernier est soumis progressivement à une hypersécrétion d'insuline qui, petit à petit, est à l'origine de l'hyperinsulinisme.
Alors que la nature de l'alimentation humaine est restée sensiblement la même pendant des millénaires (très peu glycémiante), il s'est produit depuis le début du XXe siècle une véritable dérive des habitudes alimentaires dans les pays occidentaux.

Nous sommes en effet passé progressivement d'un monde alimentaire peu glycémiant à un mode alimentaire fortement hyperglycémiant.

Les pancréas de nos contemporains ont donc été de plus en plus sollicités. Et les plus sensibles se sont rapidement déréglés en provoquant de l'hyperinsulinisme.

Progressivement, la proportion de ceux qui pouvaient résister est devenue de plus en plus faible, et la population des gros et des obèses n'a ainsi cessé de progresser malgré une diminution des apports caloriques et une augmentation de la dépense physique.

Les deux phases
de la méthode montignac

La méthode Montignac n'est pas un régime au sens traditionnel du terme. Car un régime est un mode alimentaire quantitativement restrictif dont le suivi est obligatoirement limité dans le temps.

Au contraire, la méthode Montignac est un mode alimentaire non restrictif et parfaitement équilibré. Il consiste principalement à changer ses habitudes alimentaires : il ne s'agit plus de manger moins, mais de manger mieux en faisant les bons choix alimentaires.

La méthode Montignac est un concept original destiné à tous ceux qui désirent :
- Perdre du poids d'une manière efficace et durable ;
- Diminuer leurs facteurs de risques cardiovasculaires ;
- Prévenir l'apparition et le développement du diabète.

Les principes fondateurs de la méthode Montignac

Le premier principe consiste à se déconditionner des messages diététiques erronés, abusivement centrés sur l'aspect calorique de l'aliment qui font malheureusement partie de notre culture et que de nombreux professionnels continuent à véhiculer, malgré leur inefficacité notoire.

Le deuxième principe est fondé sur le choix des aliments en fonction de leur potentialité métabolique.

- Les glucides sont choisis d'une manière préférentielle parmi ceux dont l'index glycémique (IG) est bas et surtout très bas.

- Les lipides sont choisis en fonction de la nature de leurs acides gras. Aussi :
  - Les acides gras polyinsaturés (oméga-3) de même que les acides gras monoinsaturés (huile d'olive) seront privilégiés ;
  - Les acides gras saturés (beurre, graisse de viande...) de même que les acides gras « trans » générés par la transformation industrielle de certains aliments seront évités.

- Les protéines seront choisies en fonction de leur origine (végétale, animale...), de leur complémentarité et de leur neutralité sur les processus de la prise de poids (hyperinsulinisme).

Mise en œuvre de la méthode Montignac

La méthode Montignac comporte deux phases.

Phase I : phase d'amaigrissement

Sa durée est variable selon l'importance de la surcharge. Outre le choix judicieux des graisses et des protéines, elle consiste essentiellement à ne consommer que des aliments à index glycémique bas et surtout très bas.

L'objectif est d'induire à la fin de chaque repas une réponse insulinique qui soit la plus basse possible. Non seulement cela supprime toute possibilité de stockage (lipogenèse) mais inversement cela active le processus de déstockage des graisses de réserve (lipolyse) qui sont brûlées par augmentation de la dépense énergétique (thermogenèse).

Phase II : phase de stabilisation et de prévention

Le choix des glucides sera toujours fait en fonction de leur index glycémique (IG), mais il sera plus large qu'en phase I.

Ces choix pourront même être affinés par l'utilisation d'un nouveau concept, celui de la **résultante glycémique** du repas. Cela permet ainsi la consommation, dans certaines conditions, de tous les glucides, y compris ceux dont l'index glycémique est élevé.

Une méthode mondialement connue

La méthode Montignac est universellement connue (18 millions de livres vendus dans 45 pays et traduits en 26 langues) car elle est considérée comme la meilleure alternative à la diététique hypocalorique dont l'échec est avéré.

Elle tire sa légitimité de la synthèse de plusieurs centaines d'études scientifiques publiées depuis une vingtaine d'années mais aussi de l'expérience et du témoignage de dizaines de milliers de personnes qui l'ont expérimentée avec succès, y compris des médecins prescripteurs.

Michel Montignac est le premier au monde à avoir proposé à la fin des années 1980 l'utilisation du concept des index glycémiques dans le domaine de l'amaigrissement. Il a été suivi (voire copié) depuis par de nombreux leaders d'opinion dans le domaine de la santé.

Il en est ainsi devenu l'un des meilleurs spécialistes, tant dans la maîtrise du concept que dans ses applications concrètes : diminution et prévention de la prévalence des maladies métaboliques telles que l'obésité, le diabète et les affections cardio-vasculaires.

**Pour en savoir plus sur la méthode Montignac et pour découvrir les nombreux livres publiés sur ce thème, visitez le site www.montignac.com*

Les spécificités de la cuisine Montignac

Ce livre de recettes est évidemment construit en conformité avec les principes de la méthode Montignac. Ainsi, aucune recette présentée ne comporte de mauvais glucides (farines blanches, pommes de terre, maïs, riz blanc, glutineux...).

Différentes techniques de substitution sont proposées pour remplacer certaines pratiques de la cuisine traditionnelle, comme la liaison d'une sauce.

Enfin, de nombreuses possibilités sont suggérées pour remplacer les sempiternelles pâtes, pommes de terre, riz, trop souvent présents dans le « paysage alimentaire » habituel, alors que nous avons à notre disposition d'excellents autres féculents (lentilles, haricots, pois...) et une gamme de légumes si variée qu'elle est capable de satisfaire tous les goûts.

La majorité des recettes de ce livre est par ailleurs d'inspiration provençale ou plus généralement méditerranéenne. Il y a trois raisons à cela.

- D'abord mon goût personnel qui s'est développé au cours des huit années au cours desquelles j'ai eu la chance d'habiter dans le sud-est de la France.

- Ensuite parce qu'il est désormais reconnu officiellement par toutes les instances sanitaires internationales que le mode alimentaire méditerranéen est le meilleur du monde, celui qui permet notamment la plus efficace prévention du risque cardio-vasculaire.

- Enfin et surtout parce que les recettes de type provençal sont toujours très simples à réaliser.

Les options culinaires dans la méthode Montignac

Certaines options pourront surprendre, voire même déclencher quelques haussements d'épaules parmi les cuisiniers professionnels.

• A propos des matières grasses :

Le beurre est par principe exclu de toute recette Montignac car c'est un aliment qui se dégénère à la cuisson et qui ainsi devient indigeste, voire cancérigène.

En remplacement, vous pourrez faire un usage quasi immodéré de **l'huile d'olive** et de la **graisse d'oie ou de canard**. Il faut savoir que celle-ci a la même structure moléculaire que l'huile d'olive (acide oléique).

A chaque fois qu'une recette contient de la crème fraîche, celle-ci doit préférentiellement être allégée. Mais elle peut aussi être remplacée par de la crème de soja.

• **En matière de cuisson**

L'une des options que je propose dans ce livre est celle de la cuisson à faible température. Que l'on fasse revenir des oignons dans une poêle, que l'on y fasse cuire des légumes, des poissons, des crustacés ou même certaines viandes (volailles notamment), point n'est besoin de feux forts qui caramélisent à l'excès (voire brûlent carrément les aliments). Une trop forte cuisson entraîne une déstructuration moléculaire de l'aliment qui les rend indigestes et même nocifs pour la santé.

Recettes

Blancs de poulet à la crème d'ail

Pour 4 personnes

Préparation : 20 minutes
Cuisson : 1 heure

- 4 blancs de poulet
- 2 têtes d'ail
- 300 ml de crème de soja
- Graisse d'oie
- Sel, poivre, piment doux d'Espagne
- Piment de Cayenne
- 1 bouquet de persil

- Préparer les gousses d'ail et les faire cuire dans le cuit-vapeur pendant 30 minutes.
- Mettre les blancs de poulet dans un plat allant au four. Les badigeonner de graisse d'oie. Saler, poivrer et saupoudrer légèrement de piment de Cayenne.
- Mettre au four à 190 °C (th. 6) pendant 20 à 25 minutes.
- Passer les gousses d'ail au mixer avec la crème de soja. Saler, poivrer et ajouter l'équivalent d'1/2 cuillère à café de piment doux d'Espagne.
- Sortir les blancs de poulet du four et les couper dans la largeur en morceaux de 1 cm à 2 cm de large. Redisposer dans le plat de cuisson.
- Napper avec la crème d'ail et laisser à four tiède 100 °C (th. 3) pendant 10 à 15 minutes.
- Servir après avoir saupoudré de persil haché.

Blancs de poulet aux citrons verts

Pour 4 personnes

Préparation : 15 minutes
Cuisson : 45 minutes

- 4 blancs de poulet
- 5 gousses d'ail
- 3 citrons verts
- 4 cuillères à soupe d'huile d'olive
- Sel, poivre, piment de Cayenne

- Dans un saladier, faire une marinade avec le jus des citrons, l'huile d'olive, l'ail écrasé, sel et poivre. Bien mélanger.
- Saupoudrer les blancs de poulet de piment de Cayenne et les plonger dans la marinade.
- Mettre au réfrigérateur pendant quelques heures en les remuant périodiquement.
- Egoutter les blancs de poulet et les mettre dans un plat de cuisson au four préalablement chauffé à 190 °C (th. 6) pendant 30 minutes.
- Pendant ce temps, mettez la marinade dans une casserole, porter à ébullition, et faire réduire jusqu'à obtention d'une sauce épaisse.
- Servez les blancs de poulet nappés de la sauce.

Blancs de poulet à la provençale

Pour 4 personnes

Préparation : 10 minutes
Cuisson : 15 minutes

- 4 blancs de poulet
- 1 Lb *(500 g)* de purée de tomate (ou 1 tasse *(250 g)* de tomate concentrée et 250 ml d'eau)
- 1 cuillère à soupe d'herbes de provence
- 4 cuillères à soupe d'huile d'olive
- 4 gousses d'ail
- Sel, poivre, piment de Cayenne

- Emincer les blancs de poulet en morceaux de 2 cm de large, les saler et les saupoudrer de piment de Cayenne.
- Puis les faire cuire dans un cuit-vapeur pendant 5 minutes.
- Parallèlement, mettre la purée de tomate dans une cocotte. Ajouter l'ail réduit en purée, les herbes de Provence, les 4 cuillères d'huile d'olive. Saler et poivrer, remuer et mettre à feu très doux.
- Verser les blancs de poulet (dont l'intérieur est encore rosé) dans la cocotte. Bien mélanger et faire cuire à couvert à feu extrêmement doux pendant 5 minutes. Rectifier l'assaisonnement avant de servir.
- On pourra rajouter un filet d'huile d'olive sur la portion dans l'assiette.

Suggestion :
Le plat à l'avantage de pouvoir être préparé à l'avance. Il pourra donc être réchauffé à couvert à feu très bas.

Blancs de poulet
en papillotte à l'estragon

Pour 4 personnes

Préparation : 20 minutes
Cuisson : 15 minutes

- 4 blancs de poulet
- 2 tomates
- 1/2 botte d'estragon
- Le jus d'un citron
- 4 cuillères à soupe d'huile d'olive
- Sel, poivre, piment de Cayenne
- 1 cuillère à café de moutarde forte

- Débiter les tomates en tranches, les saler des 2 côtés et les faire égoutter sur un papier absorbant.
- Préchauffer le four à 250 °C (th. 8).
- Préparer l'estragon en choisissant les meilleures feuilles.
- Couper chaque blanc de poulet en 5 ou 6 morceaux.
- Disposer les blancs de poulet dans chaque papillote en intercalant avec une rondelle de tomate et des feuilles d'estragon.
- Asperger avec 1 cuillère d'huile d'olive et 1/4 du jus de citron.
- Saler, poivrer, pimenter et refermer la papillote.
- Mettre au four pendant 15 minutes.
- Servir avec une sauce faite à partir du jus de cuisson des quatre papillotes auquel on incorporera la moutarde.

Blanquette de veau à la Montignac

Pour 5 personnes

Préparation : 30 minutes
Cuisson : 1 heure 15 minutes

- 3 Lb *(1,5 kg)* d'épaule de veau sans gras et sans os
- 2 Lb *(1 kg)* de champignons de Paris
- 8 poireaux
- 3 oignons
- 4 gousses d'ail
- 1 bouquet garni
- Concentré de bouillon de veau (3 cubes)
- 400 ml de crème fleurette
- 2 jaunes d'œuf
- Le jus de 2 citrons
- 3 cuillères à soupe de persil frais haché

- Dans une casserole faire 1,5 litre de bouillon de veau. Réserver.
- Préparer les légumes : laver et tronçonner les poireaux, nettoyer les champignons et les émincer, émincer les oignons et l'ail.
- Faire revenir les morceaux de viande à feu doux dans une cocotte avec de la graisse d'oie. Saler et poivrer.
- Mettre tous les légumes sur la viande ainsi que le bouquet garni.
- Recouvrir de bouillon et porter à ébullition puis laisser cuire à feu doux pendant 1 h 15.
- Avec un écumoire, récupérer l'équivalent d'un gros bol de légumes (champignons, poireaux, oignons) bien les égoutter et les passer au mixer pour en faire une purée.
- Mettre cette purée à feu très doux dans une casserole avec la crème fleurette. Rajouter 2 jaunes d'œufs et remuer sans cesse avec le fouet pendant quelques minutes. Dès que l'on s'aperçoit que la crème commence à s'épaissir sortir de la flamme et continuer à tourner pendant 1 à 2 minutes.
- Vider grossièrement les 3/4 du bouillon de la cocotte, pour qu'il ne reste que la viande, le légumes et un fond de liquide de cuisson. Enlever le bouquet garni.
- Rajouter la sauce par dessus et bien mélanger en laissant au chaud pour maintenir à température sans poursuivre la cuisson.
- Servir dans des assiettes chaudes.
- Ce plat comportant suffisamment de légumes, il n'est pas nécessaire de lui en adjoindre un autre accompagnement.

Blanquette de veau au riz intégral

Pour 6 personnes

Préparation : 20 minutes
Cuisson : 2 heures 15 minutes

- $1^{1/2}$ Lb *(1,2 kg)* de veau (épaule, tendron et flanchet) en morceaux
- 1 oignon et 1 feuille de laurier
- 1 bouquet garni
- 1/2 tasse *(100 g)* de purée de champignons
- 40 ml de vin blanc sec
- 2 jaunes d'œufs
- 2 dl de crème fraîche allégée
- 1 cuillère à soupe de jus de citron
- Poivre de Cayenne ou noix de muscade
- Sel, poivre blanc

- Blanchir la viande dans 75 cl d'eau bouillante avec l'oignon, le bouquet garni, du sel et du poivre. Ecumer et laisser mijoter pendant 2 heures.
- Egoutter la viande, ôter le bouquet garni et passer le bouillon de cuisson au tamis.
- Délayer la purée de champignons avec ce bouillon et porter à ébullition.
- Dans une cocotte, remettre la viande avec la sauce ainsi obtenue, ajouter le vin blanc et laisser cuire encore 15 minutes à feu doux. Faire cuire le riz intégral dans de l'eau bouillante salée pendant 35 à 40 minutes et l'égoutter.
- Battre les jaunes d'œufs avec la crème fraîche et verser le tout progressivement dans la cocotte. Bien mélanger et assaisonner du jus de citron et de poivre de Cayenne (ou de noix de muscade).
- Servir les morceaux de veau avec le riz intégral et arroser de sauce.

Bourguignon

Pour 5 personnes

Préparation : 15 minutes
Cuisson : 2 heures 50 minutes

- 3 Lb *(1,5 kg)* de bœuf en morceau de 4 cm de côté
- 3/4 tasse *(200 g)* de lardons
- 1 2/3 tasses *(350 g)* de champignons
- 250 ml de vin rouge tanique (Corbières, Côtes du Rhône ...)
- 10 petits oignons
- 250 ml de bouillon de viande instantané
- 1 bouquet garni
- 1 branche de persil
- Graisse d'oie

- Faire fondre les lardons dans une poêle. Ajouter les oignons entiers. Lorsqu'ils sont bien dorés, les retirer et réserver.
- Dans une grande cocotte, faire chauffer 3 cuillères à soupe de graisse d'oie. Y faire revenir les morceaux de viande. Lorsqu'ils sont bien dorés, verser le bouillon.
- Mettre les lardons et les oignons dans la cocotte. Verser le vin rouge, saler, poivrer et ajouter le bouquet garni. Couvrir et laisser cuire à petit feu pendant au moins 2 heures.
- Dans une casserole à part, faire cuire les champignons émincés dans une louche du bouillon de la cocotte pendant 15 minutes. Passer la moitié des champignons au mixer en mouillant avec le jus de cuisson. Mettre le tout dans la cocotte.
- Laisser cuire 30 minutes à découvert. Retirer le bouquet garni, ajuster l'assaisonnement et servir dans un plat creux parsemé de persil frais haché.

Canard aux olives

Pour 4 personnes

Préparation : 20 minutes
Cuisson : 2 heures 10 minutes

- 1 gros canard avec le foie
- 1 1/3 tasses *(300 g)* d'olives vertes dénoyautées
- 1 1/3 tasses *(300 g)* d'olives noires dénoyautées
- 2 œufs
- 2 tranches de pain intégral
- 100 ml de crème fleurette
- 1 oignon pelé
- Sel, poivre, piment de Cayenne
- Piment de Cayenne, huile d'olive

- Couper le foie en morceaux et le faire cuire dans une poêle avec de l'huile d'olive.
- Faire gonfler le pain intégral dans la crème fleurette.
- Dans le bol du mixer, mélanger le foie, 100 g d'olives verts, 100 g d'olives noires, les œufs et le pain imbibé de crème fleurette. Saler, saupoudrer d'herbes de provence, poivrer et pimenter généreusement.
- Remplir l'intérieur du canard avec cette farce et fermer l'orifice avec l'oignon.
- Mettre le canard dans un plat, saler, poivrer, pimenter et enfourner à 160 °C (th. 5).
- Au bout d'une heure, arroser le canard avec un verre d'eau salée et disposer dans le plat le reste des olives vertes et noires en les mélangeant.
- Continuer la cuisson à 130 °C (th. 4) pendant une autre heure.
- Récupérer les olives avec une écumoire et réserver au chaud. Dégraisser très légèrement le plat et déglacer avec un verre d'eau bouillante.
- Découper le canard dans le plat de cuisson pour en récupérer le jus. En fin de découpe, dresser les morceaux (dont les aiguillettes) sur un plat chaud. Terminer le déglaçage du plat et réchauffer la sauce avant de la mettre dans une saucière chaude.

Carré d'agneau à la provençale

Pour 4 personnes

Préparation : 25 minutes
Cuisson : 45 minutes

- 1 carré d'agneau de 2 Lb *(1 kg)* (8 belles côtes)
- 100 ml de vin blanc
- 150 ml de crème fraîche allégée ou crème de soja
- 1 cuillère à soupe de cognac
- 5 gousses d'ail épluchées
- Huile d'olive
- Herbes de provence
- 2 tasses *(500 g)* de champignons de Paris
- Sel, poivre, piment de Cayenne
- 1 cuillère à soupe de persil haché

- Couper 2 gousses d'ail en 4 lamelles chacune. Faire des entailles profondes dans le carré d'agneau (entre chaque côte) et y glisser les lamelles d'ail.
- Enduire le plat de cuisson avec l'huile d'olive. Verser dans une tasse 4 cuillères à soupe d'huile d'olive, saler, poivrer et pimenter. Placer le carré d'agneau dans le plat et le badigeonner au pinceau. Saupoudrer d'herbes de Provence et mettre à four très chaud 250 °C (th. 8). Faire cuire pendant 20 à 25 minutes.
- Pendant ce temps, nettoyer et équeuter les champignons. Les couper en grosses lamelles dans le sens de la hauteur.
- Faire revenir les champignons à feu très doux dans une poêle avec de l'huile d'olive. Saler et poivrer. Au bout de quelques minutes, jeter le jus de cuisson et l'eau qu'ils ont rendus.
- Ecraser les 3 gousses d'ail restant et les mélanger avec le persil. Les ajouter aux champignons en rajoutant de l'huile d'olive. Poursuivre la cuisson à feu doux pendant quelques minutes en remuant bien.
- Sortir le carré d'agneau du four et le découper dans son plat de cuisson. Réserver les côtes au chaud. Déglacer le plat de cuisson avec le vin blanc et le cognac préalablement chauffés. Rajouter la crème fraîche et verser dans une saucière chaude.
- Servir le carré sur un plat chaud entouré des champignons.

Chili con carne

Pour 6 personnes

Préparation : 30 minutes
Cuisson : 3 heures

- 2 Lb *(1 kg)* de steack haché
- $1^{1/3}$ tasses *(300 g)* de haricots rouges secs
- 3 oignons
- 1 poivron vert
- 2 gousses d'ail
- 1 boîte de 2 Lb *(1 kg)* de tomates au naturel
- 100 ml d'huile d'olive
- 2 piments de Cayenne
- 1 cuillère à café de cumin en poudre
- 500 ml de bouillon de volaille
- 1 cuillère à café de paprika

- Faire tremper les haricots rouges dans de l'eau froide pendant 12 heures, les égoutter et les faire cuire à l'eau (froide au départ) à feu moyen, pendant 1 h 30. A mi-cuisson, saler et écumer. Quand les haricots sont cuits, les égoutter et les conserver à part.
- Faire revenir la viande hachée dans une cocotte, à feu vif, avec 3 cuillères à soupe d'huile d'olive. Assaisonner de sel et de paprika. Laisser mijoter pendant 10 minutes, retirer la viande et la conserver à part.
- Laver et découper le poivron en dés, puis le faire revenir dans la cocotte, à feu doux, dans 2 cuillères à soupe d'huile d'olive. Ajouter les oignons émincés et les gousses d'ail écrasées. Quand les oignons sont translucides, ajouter les piments de Cayenne et le cumin.
- Remettre la viande dans la cocotte, verser le bouillon, les tomates et bien mélanger le tout.
- Faire cuire à feu doux, à couvert, pendant 40 minutes. A la fin de la cuisson, ajouter les haricots rouges et remettre à feu doux, à couvert, pendant encore 30 minutes. Au cours de la cuisson, ajouter du bouillon si nécessaire. Servir chaud.

Confit de canard à la choucroute

Pour 4 personnes

Préparation : 10 minutes
Cuisson : 30 minutes

- 4 cuisses de confit de canard
- 3 tasses *(800 g)* de choucroute fraîche

- Dégraisser le confit et disposer les cuisses dans le compartiment du haut du cuit-vapeur.
- Placer le chou dans l'autre compartiment. Assaisonnez si nécessaire.
- Faire cuire 30 minutes à partir de l'ébullition de l'eau.
- Remuer de temps en temps le chou pour qu'il cuise d'une manière uniforme.
- Servir le confit entouré du chou.

Coq au vin

Pour 4 personnes

Préparation : 30 minutes
Cuisson : 1 heure 10 minutes

- 1 gros poulet fermier
- 2 oignons émincés
- 2 gousses d'ail
- 1/2 tasse *(100 g)* de lardons
- 2 tasses *(500 g)* de champignons en boîte
- 500 ml de vin rouge tanique (Corbières, madiran, côtes du Rhône ...)
- 2 cuillères à soupe de graisse d'oie
- Sel, poivre, piment de Cayenne

- Découper le poulet en plusieurs morceaux. Enlever la plus grosse partie de la peau.
- Dans une cocotte, mettre la graisse d'oie. Faire revenir à feu doux les oignons et l'ail.
- Parallèlement, faire revenir les lardons dans une poêle anti-adhésive jusqu'à ce qu'ils aient rendu le maximum de graisse.
- Faire dorer les morceaux de poulet dans la cocotte. Ajouter les lardons (sans leur graisse de cuisson) et mouiller avec le vin rouge. Saler, poivrer et pimenter. Commencer à monter en température jusqu'à ce que l'on obtienne un gros bouillon. Puis réduire le feu et commencer à faire mijoter.
- Faire égoutter les champignons. En passer la moitié au mixer (en mouillant avec le vin) pour faire une purée. Ajouter cette purée ainsi que le reste des champignons à la préparation précédente. Remuer.
- Faire mijoter à petit bouillon pendant une heure. Rectifier l'assaisonnement. Laisser refroidir.
- Servir le coq au vin après l'avoir fait réchauffer tout doucement.

Coquelets aux cèpes

Pour 4 personnes

Préparation : 20 minutes
Cuisson : 45 minutes

- 2 coquelets de 1 Lb *(500 g)* chacun
- 8 beaux cèpes frais
- Le jus d'un citron
- 1 cuillère à soupe de persil frais haché
- Huile d'olive
- Sel, poivre

- Nettoyer les cèpes puis les couper en morceaux.
- Couper les coquelets en huit morceaux.
- Faire chauffer de l'huile d'olive dans une cocotte. Y mettre à dorer les morceaux de coquelets sur toutes leur faces et notamment sur celle comportant de la peau. L'opération doit prendre une douzaine de minutes. Saler et poivrer.
- Ajouter les cèpes dans la cocotte et arroser d'huile d'olive. Baisser le feu au minimum, couvrir la cocotte et faire cuire pendant 1/2 heure. A mi cuisson, ajouter sel et poivre ainsi que le jus de citron.
- Servir chaud après avoir saupoudré de persil.

Cordon bleu en paupiette

Pour 4 personnes

Préparation : 10 minutes
Cuisson : 25 minutes

- 4 escalopes de dinde de 30 onces *(100 g)* chacune
- 4 tranches de jambon fumé
- 1 fromage corse
- 1/2 cuillère à café d'herbes de Provence
- 1 cuillère à soupe d'huile d'olive
- Sel, poivre

Sauce :
- 2 échalotes
- Huile d'olive
- 100 ml de crème allégée

- Saupoudrer les escalopes d'herbes de Provence, les recouvrir d'une tranche de jambon, puis d'une tranche de fromage. Les rouler en paupiette et les ficeler.
- Assaisonner de sel et de poivre.
- Les faire cuire dans l'huile d'olive, à feu doux, sans les couvrir, pendant 20 minutes.
- Servir ces paupiettes avec éventuellement des échalotes émincées, revenues dans de l'huile d'olive avec un peu de crème fraîche.

Côtes d'agneau
à la menthe

Pour 4 personnes

Préparation : 20 minutes
Cuisson : 10 minutes

- 8 côtelettes d'agneau
- 1 cuillère à soupe d'huile d'olive
- Herbes de provence
- Sel, poivre
- Quelques feuilles de menthe

- Badigeonner les côtelettes avec de l'huile d'olive et laisser macérer 15 à 20 minutes.
- Mélanger les herbes de provence avec une partie de la menthe finement hachée. Passer ensuite les côtelettes dans les herbes de manière à ce qu'elles soient entièrement recouvertes.
- Les faire cuire au grill bien chaud et les servir décorées de feuilles de menthe.

Côtes de porc à la moutarde

Pour 4 personnes

Préparation : 10 minutes
Cuisson : 20 minutes

- 4 grosses côtes de porc ou 8 petites
- 1/3 tasse *(80 g)* de crème fraîche allégée ou crème de soja
- 3 cuillères à soupe de moutarde forte
- 1 cuillère à soupe de câpres
- 1 cuillère à soupe de graisse d'oie

- Dans un bol, mélanger la crème fraîche, la moutarde et les câpres.
- Faire fondre la graisse d'oie dans une grande poêle. Y faire revenir les côtelettes 7 à 8 minutes de chaque côté. Saler et poivrer.
- Rajouter la sauce sur les côtelettes. Couvrir la poêle et laisser mijoter à feu très doux pendant une dizaine de minutes.
- Servir dans des assiettes chaudes.

Côtes de veau à la provençale

Pour 4 personnes

Préparation : 15 minutes
Cuisson : 25 minutes

- 4 côtes de veau bien dégraissées d'environ 1/2 Lb *(200 g)*
- 2 oignons émincés
- 3 gousses d'ail écrasées
- 2 cuillères à soupe de basilic frais haché
- 1 cuillère à soupe de persil haché
- 3 cuillères à soupe de concentré de tomate
- Vin blanc
- Graisse d'oie, huile d'olive
- Herbes de Provence
- Sel, poivre

- Dans une casserole, mettre deux cuillères d'huile d'olive. Y faire revenir à feu doux les oignons puis dans la dernière minute l'ail écrasé.
- Ajouter le concentré de tomate en désépaississant légèrement avec un peu de vin blanc (la sauce doit rester épaisse). Saler, poivrer et ajouter le basilic frais. Réserver au chaud.
- Mettre une bonne cuillère à soupe de graisse d'oie à fondre dans une poêle. Y faire dorer à feu moyen les côtes de veau en les cuisant 7 à 8 minutes de chaque côté. Saupoudrer d'herbes de provence en début de cuisson. Saler, poivrer.
- Disposer les côtes sur un plat et réserver au chaud.
- Jeter la graisse de cuisson et déglacer la poêle avec un 1/2 verre de vin blanc. Y verser la sauce à la tomate. Eteindre le feu et rajouter une cuillère à soupe d'huile d'olive.
- Napper de cette sauce les côtes de veau et saupoudrer de persil.

Daube provençale

Pour 5 personnes

Préparation : 15 minutes
Cuisson : 1 heure 30 minutes

- 1 kg de bœuf à braiser (gîte à la noix coupé en morceaux)
- 2/3 tasse *(150 g)* de lardons
- 4 oignons émincés
- 300 ml de vin rouge
- 1 bouquet garni
- 20 olives vertes dénoyautées
- 20 olives noires dénoyautées
- 1/3 tasse *(75 g)* de champignons en boîte
- Huile d'olive, sel, poivre

- Dans une cocotte mettre à chauffer deux cuillères à soupe d'huile d'olive. Y faire revenir à feu doux les lardons, puis les oignons émincés.
- Ajouter les morceaux de viande que l'on fera saisir. Saler, poivrer.
- Ajouter le bouquet garni et le vin. Laisser mijoter pendant 45 minutes à couvert.
- Faire égoutter les champignons. Les passer au mixer avec une cuillère à soupe de la sauce de la cocotte.
- Ajouter la purée de champignons, les olives et laisser cuire encore à feu très doux pendant 1/2 heure à couvert et 1/2 heure à découvert.
- Servir chaud après avoir retiré le bouquet garni.

Émincés de blancs de poulet au curry

Pour 5 personnes

Préparation : 20 minutes
Cuisson : 35 minutes

- 5 blancs de poulet
- 3 gros oignons
- 1 Lb *(500 g)* de champignons de Paris
- 300 ml de crème fleurette à 15 %
- Graisse d'oie
- Huile d'olive
- Curry, sel, poivre, piment doux d'Espagne, herbes de Provence

- Emincer les oignons et les faire revenir dans une cocotte dans de l'huile d'olive.
- Nettoyer les champignons, les émincer et les faire cuire dans un cuit-vapeur pendant 20 minutes.
- Couper les blancs de poulet en morceaux de 2 cm d'épaisseur.
- Les faire revenir à feu doux dans une poêle avec un peu de graisse d'oie. Saler généreusement, poivrer, mettre du piment doux d'Espagne et saupoudrer d'herbes de provence. Remuer les morceaux pour bien répartir la cuisson qui doit être minimale pour laisser au poulet son blanc mœlleux.
- Avec les oignons, réunir dans la cocotte les champignons et le poulet. Rajouter la crème fleurette et 3 cuillères à café rases de curry. Bien remuer et faire cuire à couvert et à feu très très doux pendant 5 minutes.
- Rectifier l'assaisonnement en ce qui concerne le curry, notamment en fonction du goût des convives pour les épices.

Suggestion :
La crème fleurette peut être remplacée par de la crème de soja.

Émincés de veau

Pour 4 personnes

Préparation : 20 minutes
Cuisson : 25 minutes

- 4 escalopes de veau épaisses
- 3/4 tasse *(200 g)* de champignons de Paris
- 3 oignons émincés
- 300 ml de crème fleurette allégée ou de crème de soja
- Le jus d'un citron
- Graisse d'oie
- Sel, poivre, noix de muscade
- Huile d'olive

- Nettoyer les champignons et les émincer. Les faire revenir à feu très doux dans une poêle avec de l'huile d'olive. Saler, poivrer. Jeter l'eau en cours de cuisson et rajouter un peu d'huile d'olive.
- Faire revenir les oignons à feu doux dans une poêle avec de l'huile d'olive.
- Faire fondre dans une cocotte 1 cuillère à soupe de graisse d'oie. En travaillant à feu doux, faire revenir les émincés de veau pendant quelques minutes en remuant constamment. Assaisonnez avec du sel, du poivre et rajouter le jus du citron.
- Rajouter dans la cocotte les champignons de Paris et les oignons. Remuer. Puis verser la crème fleurette, et râper la noix de muscade.
- Bien mélanger le tout le laisser cuire à feu doux très doux à couvert pendant 2 ou 3 minutes. Goûter et rectifier l'assaisonnement.

Entrecôtes à la bordelaise

Pour 4 personnes

Préparation : 15 minutes
Cuisson : 30 minutes

- 2 entrecôtes épaisses de 1 Lb *(500 g)* chacune de 4 cm d'épaisseur

Pour la sauce bordelaise :
- 200 ml de bordeaux rouge
- 100 ml de bouillon de viande instantané bien fort
- 1/2 tasse *(100 g)* de champignons de Paris en boîte
- 5 échalotes hachées
- 4 cuillères à soupe de graisse d'oie
- 1 branche de thym
- 2 feuilles de laurier
- 1 bouquet de persil haché
- Sel, poivre.

- Dans une cocotte faire chauffer 2 cuillères à soupe de graisse d'oie. Y jeter les échalotes que l'on fera légèrement dorer pendant 2 ou 3 minutes. Mouiller avec le vin rouge. Ajouter le thym, le laurier et le bouillon. Saler, et poivrer généreusement. Faire réduire de moitié à feu vif à découvert.
- Passer les champignons égouttés au mixer avec un peu d'huile d'olive pour en faire une purée. Ajouter cette purée à la sauce dans la cocotte.
- Dans une grande poêle faire chauffer le reste de graisse d'oie. Y faire saisir les deux entrecôtes de chaque côté en salant et poivrant et en laissant cuire d'une manière variable selon la cuisson désirée (bleu, saignant, à point).
- Déglacer la poêle avec un peu de vin rouge et ajouter le déglaçage à la sauce.
- Découper les entrecôtes en 4 ou 8 morceaux et dresser sur un plat de service chaud.
- Napper avec la sauce bordelaise et servir.

Épaule d'agneau au citron

Pour 6 personnes

Préparation : 15 minutes
Cuisson : 1 heure

- 2 Lb *(1 kg)* d'épaule d'agneau désossée
- 4 cuillères à soupe d'huile d'olive
- 2 oignons moyens
- 1 gousse d'ail
- 2 cuillères à soupe de paprika
- 2 cuillères à soupe de persil haché
- 3 cuillères à soupe de jus de citron et quelques zestes
- Sel, poivre

- Couper l'épaule en dés de 3 cm d'épaisseur et la faire revenir dans une cocotte, à feu vif, dans l'huile d'olive.
- Une fois que les clés sont bien dorés, les retirer de la cocotte et les conserver à part. Faire revenir dans cette même cocotte les oignons et l'ail finement hachés. Ajouter le paprika, le persil haché, le jus de citron, les zestes et remettre les morceaux de viande.
- Assaisonner avec le sel et le poivre, couvrir et laisser mijoter à feu doux pendant 1 heure (mouiller si nécessaire avec un peu d'eau). Servir chaud.

Escalopes de veau à la crème de Parme

Pour 4 personnes

Préparation : 15 minutes
Cuisson : 35 minutes

- 4 belles escalopes taillées dans la noix de 1 bonne Lb *(600 g)*
- 6 tranches de jambon de Parme
- 1 oignon
- 150 ml de crème fraîche allégée ou crème de soja
- 1 cuillère à soupe d'huile d'olive

- Dans une poêle antiadhésive faire cuire à feu doux les tranches de Parme (1 à 2 minutes de chaque côté) en les étendant bien sur le fond.
- Les faire sécher ensuite dans le four à 130 °C (th. 4) jusqu'à ce qu'elle soient complètement raides et cassantes. Les couper en morceaux et les réduire en poudre dans le mixer ou le moulin à café. Réserver.
- Emincer les oignons et les faire revenir dans l'huile d'olive. Rajouter ensuite la poudre de Parme et la crème fraîche. Saler, poivrer et pimenter.
- Dans une autre poêle, faire cuire les escalopes (salées et poivrées) avec la graisse d'oie.
- Pour servir, dresser sur un plat ou mieux encore des assiettes chaudes individuelles et napper avec la crème de Parme.

Escalopes de dinde à la crème

Pour 4 personnes

Préparation : 10 minutes
Cuisson : 20 minutes

- 4 escalopes de dindonneau
- 100 ml de vin blanc sec
- 1 yaourt
- 1 cuillère à soupe de moutarde
- Graisse d'oie
- 1 cuillère à soupe de persil frais haché

- Dans une poêle faire dorer à feu moyen dans de la graisse d'oie. Saler, poivrer et réserver au chaud sur le plat de service.
- Déglacer à la poêle avec le vin blanc. Laisser un peu bouillir puis ajouter le yaourt mélangé à la moutarde. Laisser chauffer quelques minutes à feu doux.
- Napper les escalopes avec la sauce et saupoudrer de persil.

Filets de canard sauce poivre vert

Pour 4 personnes

Préparation : 25 minutes
Cuisson : 20 minutes

- 4 filets de canard
- 1 tasse *(200 g)* de champignons
- 1 citron
- 1 dl de vin rouge
- 1 oignon
- 1 feuille de laurier
- 30 grains de poivre vert

- Faire fondre les oignons émincés avec 1 cuillère à soupe d'huile d'olive (ou de tournesol) et ajouter le vin rouge. Laisser mijoter à feu vif jusqu'à évaporation presque complète du liquide.
- Ajouter 1 verre d'eau, la feuille de laurier, le poivre vert et laisser cuire pendant 15 minutes.
- Equeuter, laver les champignons et les faire cuire à l'eau, entiers, avec le jus de citron pendant 5 minutes. Les mixer en purée, saler et ajouter le beurre. Passer la sauce au tamis et la remettre à feu doux pour la faire réduire. Ajouter la purée de champignons.
- Faire cuire les filets de canard sans matière grasse, dans une poêle anti-adhésive, à feu moyen, 4 minutes de chaque côté. Les servir nappés de sauce et, éventuellement, les tailler en aiguillettes.

Suggestion :
On peut également préparer cette recette avec des aiguillettes de canard.

Filets de dindonneaux au porto

Pour 4 personnes

Préparation : 20 minutes
Cuisson : 30 minutes

- 4 filets de dindonneaux
- 4 blancs de poireaux
- 2 échalotes hachées
- 200 ml de bouillon de poule instantané
- 200 ml de crème fleurette allégée ou crème de soja
- 2 cuillères à soupe de porto
- Sel, poivre, piment de Cayenne
- Huile d'olive

- Couper les blancs de poireaux en fines lamelles . Dans une cocotte contenant de l'huile d'olive, laisser cuire à petit feu avec les échalotes en remuant régulièrement.
- Ajouter le bouillon, la crème fleurette, le porto, sel, poivre, piment. Laisser cuire à petit feu et à couvert pendant 10 minutes.
- Mettre les filets de dindonneaux dans la cocotte et laisser cuire à feu moyen pendant 10 minutes.
- Retirer la viande sur le plat de service et réserver au chaud.
- Passer les blancs de poireaux dans une passoire (en réservant la sauce) et les disposer autour de la viande.
- Faire réduire et en napper la viande.

Foie de veau au basilic

Pour 4 personnes

Préparation : 5 minutes
Cuisson : 10 minutes

- 4 tranches de foie de veau de 1/2 tasse *(170 g)* chacune
- 20 feuilles de basilic hachées
- 4 gousses d'ail hachées
- Huile d'olive
- Sel, poivre

- Mélanger dans un bol, l'ail haché, le basilic haché et 3 cuillères d'huile d'olive.
- Mettre cette préparation dans une grande poêle et cuire 3 minutes à feu très doux.
- Ajouter les tranches de foie de veau et cuire à feu moyen trois minutes de chaque côté.
- Servir sur plat chaud.

Foie de veau au oignons

Pour 4 personnes

Préparation : 15 minutes
Cuisson : 15 minutes

- 4 belles tranches de foie
- 10 gros oignons
- Huile d'olive
- Graisse d'oie
- 100 ml de crème fleurette allégée ou crème de soja
- 1 cuillère à soupe de vinaigre balsamique
- Sel, poivre

- Emincer les oignons. Les faire cuire à feu très doux dans une grande poêle antiadhésive avec de l'huile d'olive. Saler et poivrer. Les oignons doivent être presque transparents sans jamais être grillé.
-Faire cuire les tranches de foie dans une autre poêle avec de la graisse d'oie. Saler et poivrer et réserver au chaud.
- Déglacer la deuxième poêle avec le vinaigre balsamique, et la crème fleurette.
- Servir sur des assiettes chaudes en nappant le foie avec la sauce.

Foie gras pœllé aux champignons persillés

Pour 4 personnes

Préparation : 20 minutes
Cuisson : 20 minutes

- 1 foie gras de canard frais de 1 Lb *(500 g)*
- 1 bonne Lb *(600 g)* de champignons de Paris
- 5 gousses d'ail hachées
- 3 cuillères à soupe du persil haché
- 4 cuillères à soupe de Xérès
- Sel, poivre

- Nettoyer les champignons et les émincer. Les faire revenir à feu doux dans un grande poêle avec de l'huile d'olive. Saler, poivrer. Quand ils ont réduit, jeter toute l'eau et l'huile de cuisson et remettre de l'huile d'olive fraîche.

-Dans un coin de la poêle faire frire à feu réduit l'ail et le persil mélangé puis mélanger avec les champignons et réserver au chaud.

- Découper le foie gras dans la longueur en tranche de 2 cm d'épaisseur. Faire cuire les tranches de foie dans une poêle antiadhésive à feu moyen pendant une minute environ de chaque côté. Saler et poivrer. Réserver sur des assiettes très chaudes.

- Se débarrasser de la moitié de la graisse rejetée par le foie et déglacer alors la poêle avec le vinaigre de Xérès.

- Verser sur le foie gras et ajouter les champignons.

Gigôt d'agneau au romarin

Pour 4 à 5 personnes

Préparation : 10 minutes
Cuisson : 45 minutes

- 1 gigot d'agneau de 4 Lb *(2 kg)*
- 6 gousses d'ail réduites en purée
- 1 belle branche de romarin
- 1 cuillère à soupe de gros sel
- Poivre noir fraîchement moulu
- Piment de Cayenne
- Graisse d'oie

- Mélanger dans un bol, la purée d'ail, le romarin effrité, le gros sel, 2 cuillères. à soupe de graisse d'oie légèrement ramollie, 3 grosses pincées de poivre et de piment de Cayenne.
- Masser le gigot avec cette préparation en la faisant bien pénétrer.
- Mettre le gigot dans un plat en grés (côté peau à l'extérieur). Enfourner à 250 °C (th. 8) pendant 45 minutes.
- Faire fondre 3 cuillères à soupe de graisse d'oie dans un verre d'eau bouillante.
- Arroser le gigot toutes les 15 minutes.

Lapin aux olives vertes

Pour 6 personnes

Préparation : 20 minutes
Cuisson : 1 heure

- 2 râbles de lapin de $1^{2/3}$ Lb *(800 g)*
- 1 tasse *(200 g)* d'olives vertes
- 2 cuillères à soupe de concentré de tomate
- 3 gousses d'ail
- 1 bouquet garni (thym, romarin, laurier)
- 2 oignons
- 100 ml d'huile d'olive
- 400 ml de vin blanc
- 2 branches de basilic frais
- Sel, poivre

- Plonger les olives dans de l'eau bouillante non salée, pendant 1 à 2 minutes. Les rincer à l'eau froide, les égoutter et les dénoyauter.
- Couper les râbles en morceaux en suivant les articulations.
- Les faire dorer dans une cocotte, à feu vif, dans l'huile d'olive, puis les retirer pour les remplacer par les oignons émincés.
- Quand ils sont dorés, les égoutter sur du papier absorbant.
- Eliminer le gras de cuisson et verser le vin blanc.
- Remettre le lapin, les oignons, ajouter le concentré de tomate, la moitié des olives, les gousses d'ail épluchées et le bouquet garni.
- Assaisonner de sel et de poivre. Laisser mijoter, à couvert, pendant 3/4 d'heure. Ajouter le reste des olives 15 minutes avant la fin de la cuisson, saupoudrer de feuilles de basilic hachées et ôter le bouquet garni avant de servir.

Lapin niçois

Pour 6 personnes

Préparation : 20 minutes
Cuisson : 1 heure 20 minutes

- 1 lapin de 3 Lb *(1,5 kg)*
- 4 oignons
- 4 aubergines
- 2 poivrons verts
- 2 poivrons rouges
- 5 courgettes
- 6 tomates
- 200 ml d'huile d'olive
- 1 bouquet garni
- 3 gousses d'ail
- Sel, poivre

- Couper le lapin en morceaux en suivant les articulations et le faire revenir à la poêle, à feu vif, dans 100 ml d'huile d'olive.
- Retirer les morceaux lorsqu'ils sont dorés et les conserver à part.
- Emincer les oignons et les poivrons et les faire revenir dans une cocotte, à feu vif, avec le restant d'huile d'olive. Quand ils sont bien dorés, les retirer et les remplacer par les aubergines et les courgettes coupées en rondelles. Remettre ensuite les oignons et les poivrons, puis les morceaux de lapin.
- Ebouillanter les tomates pendant 30 secondes, les peler, les épépiner et les couper en morceaux.
- Les ajouter dans la cocotte, ainsi que l'ail, le bouquet garni, le sel et le poivre.
- Couvrir et laisser mijoter à feu doux pendant 1 heure.
- Ôter le bouquet garni et servir.

Magret de canard aux olives

Pour 4 personnes

Préparation : 15 minutes
Cuisson : 20 minutes

- 1 Lb *(500 g)* d'olives vertes dénoyautées
- 3 magrets de canard
- Sel, poivre, piment de Cayenne
- Huile d'olive

- Passer 1 tasse *(200 g)* d'olives au mixer avec une cuillère d'huile d'olive pour faire une purée.
- Dégraisser les magrets en enlevant les 3/4 de la couche de graisse qui les recouvre.
- Garder 1/3 de cette graisse et la couper en petits dés que l'on fera fondre complètement dans un une cocotte à feu très doux.
- Enlever les éventuels résidus non fondus avec une écumoire.
- Rajouter la purée d'olive. Saler et poivrer, puis ajouter le reste des olives et faire cuire en remuant pendant 5 minutes.
- Dans une poêle antiadhésive, faire saisir les magrets sur la partie grasse pendant deux minutes. Eteindre le feu.
- Couper les magrets en morceaux d'1 cm d'épaisseur en les remettant au fur et à mesure dans la cocotte.
- Servir sur assiettes chaudes.

Magret de canard à l'orange

Pour 4 personnes

Préparation : 20 minutes
Cuisson : 15 minutes

- 3 magrets
- 3 oranges
- Le jus de deux oranges
- Le zeste d'une orange
- Sel, poivre

- Avec un couteau finement aiguisé, lever le gras des magrets en en laissant cependant environ 1 mm.
- Couper le gras d'un des magrets en petits dés de quelques millimètres et jeter les autres.
- Dans une cocotte, faire fondre à feu très doux les dés de gras.
- Enlever à l'écumoire les éventuels morceaux qui n'auraient pas fondu.
- Peler les trois oranges et couper les en rondelles.
- Faire pocher les rondelles d'oranges dans la cocotte pendant trois minutes.
- Dans un plat allant au four disposer les magrets côté gras (dégraissé) vers le haut. Saler.
- Répartir les morceaux d'orange autour et ajouter le jus des deux autres oranges.
- Mettre sous le grill du four préalablement chauffé (10 cm) pendant 6 minutes. Eteindre le grill et mettre le four à 100 °C (th. 3).
- Sortir les magrets sur la planche à découper et remettre le plat de cuisson au four pendant 2 ou 3 minutes sauf si les convives aiment le magret très saignant.
- Couper les magrets en tranches fines (1/2 cm d'épaisseur) et les remettre dans le plat de cuisson avec leur jus de découpe.
- Servir rapidement sur des assiettes chaudes.

Magret de canard en papillottes

Pour 5 personnes

Préparation : 15 minutes
Cuisson : 15 minutes

- 4 magrets de canard
- 200 ml de crème fraîche allégée ou crème de soja
- 2 cuillères à soupe de moutarde forte
- Sel, poivre, piment de Cayenne

- Poser chaque magret de canard sur le côté gras au milieu d'un rectangle de papier aluminium. Saler, poivrer, pimenter et mettre quelques herbes de provence. Puis refermer la papillote en lui faisant prendre la forme d'une gondole.
- Mettre à cuire sur les braises du barbecue, sur le grill, dans la cheminée ou encore dans un four préchauffé à 250 °C (th. 8). Faire cuire 5 à 10 minutes en fonction du mode de cuisson et de l'intensité du feu. Le mieux est de défaire une papillote au bout de 6 minutes pour vérifier la cuisson.
- Couper sur la planche de fines tranches de magret et réserver dans un plat de service chaud.
- Récupérer l'équivalent de 2 cuillères à soupe de graisse de cuisson dans une casserole que l'on mélangera avec la moutarde et la crème fraîche pour faire une bonne sauce.

Pigeonneaux farcis au thym

Pour 4 personnes

Préparation : 20 minutes
Cuisson : 45 minutes

- 4 jeunes pigeons
- 4 échalotes émincées
- 8 gousses d'ail émincées
- 1 gros bouquet de thym frais
- 1 bouquet de persil
- 1/2 verre de cognac
- Graisse d'oie
- Sel, poivre

- Demander au vendeur qu'il prépare les pigeons, plumés, vidés, pattes et cou coupés, mais en laissant les foies, gésiers et cœur (sinon achetez 60 onces *(200 g)* de foie de volaille).
- Faire cuire les foies, gésiers et cœur dans un peu de graisse d'oie après les avoir découpés en petits morceaux. Saler, poivrer.
- Dans la même poêle, faire revenir les échalotes et l'ail. Pour cela rajouter éventuellement un peu de graisse d'oie.
- Mettre dans le mixer, foies, gésiers, cœur, ail, échalote avec leur jus de cuisson ainsi que thym et persil pour faire la farce.
- Répartir équitablement cette farce à l'intérieur des 4 pigeonneaux.
- Mettre au four préalablement chauffé à 190 °C (th. 6) pendant 30-35 minutes, après les avoir massé de graisse d'oie, saler et poivrer.
- A mi-cuisson, arroser avec un petit verre d'eau chaude salée.
- La cuisson terminée, couper les pigeons en deux sur une planche. Les remettre dans le plat de cuisson et flamber avec le cognac.

Pigeons aux petits pois

Pour 4 personnes

Préparation : 20 minutes
Cuisson : 55 minutes

- 4 pigeons (plumés, vidés)
- 2 oignons émincés
- 150 ml de vin blanc sec
- 150 ml de bouillon de volaille instantané
- 1 Lb *(500 g)* de petits pois extra-fins
- 1/2 tasse *(125 g)* de jambon de pays (tranche épaisse 1/2 cm)
- 2 cuillères à soupe de graisse d'oie
- Sel, poivre du moulin, piment de Cayenne

- Couper le jambon en petits dés.
- Saler, poivrer et pimenter l'intérieur des pigeons.
- Faire fondre la graisse d'oie dans une grande cocotte. Y faire revenir les oignons 2 à 3 minutes. Ajouter les pigeons et les faire dorer sur toutes les faces.
- Mouiller avec le vin blanc et ajouter le jambon. Faire cuire à petit feu pendant 10 minutes.
- Ajouter ensuite le bouillon et couvrir. Laisser cuire à feu très doux pendant 20 minutes.
- Ajouter les petits pois et laisser cuire encore à couvert pendant 15 minutes.
- Dresser sur un plat de service creux de manière à recueillir tout le jus de cuisson.

Guy Degrenne

Pot-au-feu

Pour 6 personnes

Préparation : 30 minutes
Cuisson : 3 heures

- 2 Lb *(1 kg)* de plat-de-côtes avec les os
- 1 bonne Lb *(600 g)* de jarret de bœuf
- 2 os sans mœlle
- 6 poireaux
- 8 navets
- 2 pieds de céleri en branches
- 2 oignons
- 2 clous de.girofle
- Sel, 10 grains de poivre
- 1 bouquet garni

- Mettre la viande et les os dans une grande marmite, puis recouvrir avec 4 litres d'eau froide et 1 cuillère à soupe de sel. Porter à ébullition, écumer pour ôter le gras et baisser le feu pour laisser mijoter pendant 1 heure, à couvert.
- Eplucher et piquer les oignons avec les clous de girofle, les ajouter dans la marmite avec le bouquet garni.
- Au bout d'1 h 30 de cuisson, ajouter les légumes lavés et épluchés ainsi que 10 grains de poivre, (rajouter un peu d'eau si besoin) et laisser mijoter encore pendant 1 h 30.
- Servir la viande découpée et entourée des légumes.

Suggestion :
Dégraisser le bouillon refroidi, ôter le bouquet garni et consommer le bouillon en soupe.

Poulet à l'ail

Pour 4 personnes

Préparation : 20 minutes
Cuisson : 1 heure 20 minutes

- 1 poulet fermier de 3 Lb *(1,4 kg)* environ avec le foie
- 4 têtes d'ail (une vingtaine de gousses)
- 1 branche de céleri
- Graisse d'oie

- Faire cuire le foie dans une poêle avec de la graisse d'oie. Saler, poivrer.
- Ecraser 4 gousses d'ail et couper la branche de céleri en petits morceaux.
- Mixer ensemble le foie, 5 gousses d'ail écrasées, les morceaux de céleri et une cuillère à soupe de graisse d'oie pour obtenir une purée. Saler, poivrer.
- Farcir le poulet avec cette purée.
- Mettre le poulet dans un plat. Le masser avec la graisse d'oie. Saler, poivrer et pimenter. Enfourner à 210 °C (th. 7) et laisser cuire pendant 1 heure 1/4.
- Après 20 minutes de cuisson, arroser le poulet avec un verre d'eau chaude salée. Mettre les gousses d'ail restant non décortiquées autour du poulet et les laisser cuire jusqu'à la fin.

Poulet à la provençale

Pour 4 à 5 personnes

Préparation : 15 minutes
Cuisson : 40 minutes

- 1 beau poulet fermier
- 1 gros oignon émincé
- 4 gousses d'ail émincées
- 250 ml de bouillon de poule instantané
- 3 cuillères à soupe de concentré de tomate
- Huile d'olive
- Sel, poivre, piment de Cayenne, herbes de Provence

- Couper le poulet en 8 morceaux.
- Mettre les morceaux de poulet dans un plat à gratin en les installant côté peau sur le dessus. Arroser d'huile d'olive. Saler, poivrer et pimenter.
- Mettre à cuire sous le grill pendant une trentaine de minutes. La peau doit fondre progressivement et devenir sèche et croustillante sans jamais brûler. Il faut donc ajuster en conséquence la hauteur du plat par rapport au grill.
- Dans une casserole, faire revenir les oignons et l'ail dans de l'huile d'olive. Mouiller avec le bouillon de poule et rajouter la tomate concentrée. Bien remuer. Saler, poivrer.
- Napper les morceaux de poulet avec la sauce tomate. Saupoudrer avec quelques herbes de Provence, et remettre au four à 130 °C (th. 4) pendant cinq ou dix minutes.
- Servir dans le plat de cuisson ou dans un plat de service chaud.

Poulet aux pommes et crème de cidre

Pour 4 à 5 personnes

Préparation : 20 minutes
Cuisson : 1 heure 40 minutes

- 1 beau poulet fermier de 3 Lb *(1,5 kg)*
- 2 Lb *(1 kg)* de pommes
- 200 mll de cidre
- 200 ml de crème fleurette allégée ou crème de soja
- Cannelle
- Graisse d'oie
- Sel, poivre, piment de Cayenne

- Mettre le poulet au four à 220 °C (th. 7) après l'avoir assaisonné. Sel, poivre, piment de Cayenne, et graisser avec 1 cuillère à soupe de graisse d'oie. Faire cuire 1 h 20.
- Peler les pommes et les couper en morceaux.
- Les faire cuire dans une poêle avec de la graisse d'oie. Remuer régulièrement saler, poivrer et saupoudrer généreusement de cannelle. Réserver.

Préparation de la crème de cidre :

- Mettre le cidre à bouillir dans une casserole et le faire réduire des 3/4. Ajouter un cube de bouillon de poule et bien le faire fondre puis ajouter la crème fleurette. Porter à ébullition et éteindre le feu. Rectifier si nécessaire l'assaisonnement.
- Dans le dernier 1/4 d'heure de cuisson du poulet, mettre les pommes autour.
- Découper le poulet et servir en nappant avec la crème de cidre réchauffée et les pommes cannelles en accompagnement.

Poulet en croûte de sel

Pour 4 personnes

Préparation : 10 minutes
Cuisson : 1 heure 40 minutes

- 1 beau poulet fermier
- 4 à 6 Lb *(2 à 3 kg)* de gros sel

Pour la sauce :
- 300 ml de crème fleurette allégée ou crème de soja
- 1 cube de bouillon de poule instantané

- Dans un faitout en fonte, suffisamment grand, mettre une couche de 2 cm de sel. Puis y poser le poulet. Recouvrir de sel de tel manière qu'il y ait au moins 1 cm 1/2 sur le dessus.
- Mettre dans un four réchauffé à 180 °C (th. 6). Laisser cuire 1 heure 1/2.
- Casser la croûte de sel et sortir le poulet. Il est prêt à être découpé et à être mangé.
- Comme il n'y a pas de jus de cuisson, on pourra improviser une sauce en faisant fondre 1 cube de bouillon de volaille dans 30 cl de crème fleurette. Réduire d'abord le cube en poudre en le grattant avec la lame d'un couteau. On évitera de faire trop chauffer la crème.

Rôti de magret

Pour 4 personnes

Préparation : 20 minutes
Cuisson : 25 minutes

- 3 beaux magrets
- 2 gousses d'ail
- Sel, poivre, herbes de provence

- Enlever la totalité de la couche de graisse de l'un des trois magrets. Pour cela étirer à la main le gras et le maigre et avec la pointe d'un couteau bien aiguisé, entailler la jointure.
- Construire le rôti en plaçant le magret dégraissé en sandwich entre les deux autres magrets les deux couches de graisses de ces derniers se trouvant à l'extérieur. Mais assaisonner chaque face (sel, poivre, herbes) préalablement.
- Avec de la ficelle à gigot, ficeler les 3 magrets pour terminer le rôti.
- Couper les gousses d'ail en deux et les enfoncer dans le rôti après avoir réalisé une ouverture avec la pointe du couteau.
- Mettre au four dans plat de cuisson à 220 °C (th. 7).
- Faire cuire 25 minutes en autant la graisse à mi cuisson et en arrosant d'un 1/2 verre d'eau chaude salée. Découper comme un rôti de bœuf. Le cœur doit être très rosé et chaud.
- Servir avec le jus de cuisson mélangé au jus de découpe.
- On peut aussi déglacer le plat de cuisson avec de la crème fleurette assaisonner avec sel, poivre et une pointe de piment de Cayenne.

Rôti de porc au curry

Pour 4 personnes

Préparation : 15 minutes
Cuisson : 1 heure 15 minutes

- 4 Lb *(1,8 kg)* de filet de porc
- 4 gousses d'ail
- 3 cuillères à soupe de graisse d'oie
- 200 ml de crème fleurette allégée ou crème de soja
- Curry
- Sel, poivre

- Avec la pointe d'un couteau fin bien tranchant, inciser le rôti de porc en 4 endroits pour y introduire les gousses d'ail.
- Dans un bol préparer une marinade avec la graisse d'oie fondue (35 °C). Sel, poivre et une cuillère à soupe de curry. Bien mélanger.
- Masser activement, le rôti avec cette marinade jusqu'à ce qu'elle pénètre bien.
- Mettre au four à 220 °C (th. 7) pendant 1 heure 15 en versant le reste de la marinade dans le plat de cuisson avec un 1/2 verre d'eau.
- Avant de servir, déglacer le plat de cuisson avec de la crème fleurette.

Rôti de veau aux olives

Pour 4 à 5 personnes

Préparation : 10 minutes
Cuisson : 1 heure 45 minutes

- 1 rôti de veau de $2^{1/2}$ Lb *(1,2 kg)*
- 1/2 tasse *(100 g)* de lardons
- 1 tasse *(200 g)* d'olives noires dénoyautées
- 1 tasse *(200 g)* d'olives vertes dénoyautées
- 150 ml de vin blanc
- Huile d'olive
- Sel, poivre, thym

- Dans une cocotte, faire fondre les lardons à feu doux. Puis y faire dorer le rôti de veau sur toutes les faces. Saler, poivrer, et saupoudrer de quelques pincées de thym. Couvrir et laisser cuire à feu très doux.
- Passer au mixer 1/3 tasse *(75 g)* d'olives noires et 1/3 tasse *(75 g)* d'olives vertes avec 1 cuillère à soupe d'huile d'olive.
- Verser la purée d'olive dans la cocotte et mouiller avec le vin blanc.
- Laisser cuire à feu très doux pendant une heure en retournant le rôti de temps en temps.
- Ajouter le reste des olives dans la cocotte et laisser cuire encore 20 à 30 minutes toujours à feu réduit.
- Sortir le rôti, le découper en tranches et le disposer sur un plat chaud entouré des olives que l'on retirera avec un écumoire. Mettre la sauce à part dans une saucière chaude en l'allongeant éventuellement par un déglaçage de la cocotte avec une peu d'eau bouillante.

Roulés d'escalope au jambon à la provençale

Pour 4 personnes

Préparation : 20 minutes
Cuisson : 20 minutes

- 8 escalopes assez fines
- 8 tranches de jambon de pays
- 3 cuillères à soupe de concentré de tomate
- 1/2 tasse *(100 g)* d'échalote émincées
- 3 gousses d'ail émincées
- 50 ml de cognac
- Thym
- Graisse d'oie, huile d'olive
- Sel, poivre.

- Saupoudrer de thym chaque escalope sur une face. Y coucher la tranche de jambon après l'avoir débarrassée de la couenne et du gras. Rouler l'escalope et la ficeler avec de la ficelle à gigot.
- Dans une cocotte contenant une cuillère à soupe de graisse d'oie, faire revenir les roulés d'escalope jusqu'à ce qu'ils soient dorés.
- Parallèlement faire revenir à feu doux dans une poêle l'échalote et l'ail émincées dans un peu d'huile d'olive.
- Dans un bol, reconstituer la purée de tomates en rajoutant 100 ml d'eau et une cuillère d'huile d'olive au concentré de tomates. Saler et poivrer.
- Mettre dans la cocotte la purée de tomates, l'échalote et l'ail.
- Remuer et reprendre la cuisson à feu doux pendant 2 ou 3 minutes (Peut-être gardé au chaud pendant un bon 1/4 d'heure).

Tournedos à la provençale

Pour 4 personnes

Préparation : 15 minutes
Cuisson : 40 minutes

- 4 tournedos (filet) de 1/2 Lb *(250 g)* chacun
- 6 belles tomates
- 2 oignons émincés
- 3 poivrons rouges
- 3 gousses d'ail émincées
- Huile d'olive, graisse d'oie
- Sel, poivre, herbes de Provence

- Ouvrir les poivrons en deux. Enlever la queue et les graines. Les mettre sur plaque sous le grill du four. Quand ils sont légèrement grillés et boursouflés, les laisser refroidir quelques minutes et enlever la peau, les couper ensuite en lanières de 1 cm environ d'épaisseur.
- Plonger les tomates 40 secondes dans de l'eau bouillante. Les peler puis les épépiner et couper la pulpe en petits dés.
- Dans une grande poêle, faire chauffer à feu doux 2 ou 3 cuillères d'huile d'olive. Faire revenir les oignons en remuant fréquemment. Puis ajouter l'ail. Ajouter ensuite les dés de tomates et les lanières de poivrons.
- Saler, poivrer et saupoudrer de quelques herbes de provence. Laisser cuire à feu doux pendant 20 minutes.
- Dans une autre poêle faire fondre une noix de graisse d'oie. Y faire dorer les tournedos pendant 2 ou 3 minutes sur chaque face. Saler, poivrer.
- Verser la préparation précédente sur la viande et continuer la cuisson pendant deux minutes.
- Servir chaud.

Tournedos aux olives

Pour 4 personnes

Préparation : 15 minutes
Cuisson : 25 minutes

- 4 tournedos de 1/2 Lb *(250 g)* chacun
- 4 grosses tomates
- 20 olives noires dénoyautées
- 4 cuillères à soupe de crème d'anchois
- Huile d'olive, sel, poivre, herbes de Provence

- Couper les tomates en 3 horizontalement. Les disposer dans un plat allant au four en les huilant de chaque côté. Saler, poivrer et saupoudrer d'herbes de provence. Mettre à chauffer sous le grill jusqu'à ce qu'elles soient légèrement grillées. Réserver au chaud.
- Dans une poêle faire revenir à feu doux les olives noires dans de l'huile d'olive.
- Badigeonner les tournedos de crème d'anchois. Les faire cuire (2 ou 3 minutes de chaque côté) dans une poêle contenant de l'huile d'olive. Ne pas saler.
- Servir les tournedos très chauds avec les tomates, les olives et le jus de cuisson des olives.

Tournedos sauce créole

Pour 6 personnes

Préparation : 30 minutes
Cuisson : 40 minutes

- 6 tournedos de 2/3 tasse *(150 g)* chacun
- 3 Lb *(1,5 kg)* de tomates
- 3 échalotes
- 4 gousses d'ail
- 1 poivron vert et 1 poivron rouge
- 2 cuillères à soupe d'huile d'olive
- 1 bouquet garni
- 100 ml de vinaigre de Xérès
- Sel, poivre de Cayenne en poudre

- Ebouillanter les tomates pendant 30 secondes, les peler, les épépiner et les couper en dés.
- Dans une poêle, faire revenir l'échalote et l'ail dans l'huile d'olive, à feu vif. Puis ajouter les tomates, le bouquet garni, une pincée de poivre de Cayenne et saler.
- Faire cuire à découvert jusqu'à ce que le jus des tomates soit évaporé.
- Ôter le bouquet garni et passer cette préparation au moulin à légumes.
- Passer les poivrons au grill, pour les éplucher plus facilement, et les couper en petits morceaux. Les ajouter à la sauce tomate, ainsi que le vinaigre de Xérès et laisser cuire encore pendant 5 minutes.
- Faire cuire les tournedos au grill et les arroser de sauce avant de servir.

Veau à la basquaise

Pour 6 personnes

Préparation : 20 minutes
Cuisson : 45 minutes

- 3 Lb *(1,5 kg)* de rôti de veau
- 3 oignons
- 3 aubergines
- 3 tomates
- 2 poivrons
- 2 Lb *(1 kg)* de champignons de Paris frais
- 3 cuillères à soupe d'huile d'olive
- 1 verre de vin blanc sec
- 1 bouquet garni
- 1 gousse d'ail
- 1 citron
- Sel, poivre

- Ebouillanter les tomates pendant 30 secondes, les peler, les épépiner et les couper en morceaux.
- Eplucher les aubergines et les couper en cubes.
- Eplucher et émincer les oignons, couper le bout terreux des champignons et laver les champignons deux fois à l'eau citronnée.
- Dans une cocotte, faire revenir le rôti de veau dans l'huile d'olive, sur toutes ses faces, à feu vif.
- Ajouter les oignons émincés, mouiller avec un peu de vin blanc et laisser cuire pendant 25 minutes, à couvert, en retournant le rôti de temps en temps et en l'arrosant du jus de cuisson. Ajouter les tomates, les aubergines, l'ail écrasé, les champignons coupés en lamelles, les poivrons épluchés et coupés en lamelles ainsi que le bouquet garni. Arroser avec le vin blanc, saler, poivrer, et laisser encore mijoter pendant 25 minutes.
- Servir le rôti entouré des légumes et de la sauce, débarrassée du bouquet garni.

Tableau des index glycémiques*

Glucides à index glycémique élevé

Sirop de maïs	115
Amidons modifiés	100
Sirop de blé, sirop de riz	100
Farine de riz	95
Pommes de terre au four	95
Riz glutineux, riz agglutinant	90
Carottes (cuites)*	85
Corn Flakes, flocons de mais	85
Gâteau de riz	85
Navet (cuit)*	85
Pain très blanc, pain de mie (type Harry's®)	85
Pop corn (sans sucre)	85
Riz soufflé, galettes de riz	85
Fève (cuites)	80
Courges (diverses)*	75
Gaufre au sucre	75
Pastèque*	75
Riz au lait (sucré)	75
Banane plantain (cuite)	70
Biscottes	70
Céréales raffinées sucrées	70
Colas, boissons gazeuses, sodas (type Coca-Cola®)	70
Dattes	70
Gnocchi	70
Pain de riz	70
Pommes de terre bouillies pelées	70
Risotto	70
Rutabaga, chou-navet	70
Sucre blanc (saccharose)	70
Tacos	70
Betterave (cuite)*	65
Couscous, semoule	65
Igname	65
Marmelade (sucrée)	65
Muesli (avec sucre, miel...)	65
Pain au seigle (30% de seigle)	65
Pain complet	65
Pomme de terre cuite dans sa peau (eau/vapeur)	65

Bière*	110
Glucose	100
Sirop de glucose	100
Fécule de pomme de terre (amidon)	95
Pommes de terre frites	95
Pomme de terre en flocons (instantanée)	90
Céleri rave (cuit)*	85
Farine de blé blanche	85
Lait de riz	85
Miel	85
Pain hamburger	85
Riz a cuisson rapide (précuit)	85
Tapioca	85
Pomme de terre en purée	80
Lasagnes (blé tendre)	75
Potiron*	75
Baguette, pain blanc	70
Barres chocolatées (sucrées)	70
Biscuit	70
Brioche	70
Chips	70
Croissant	70
Farine de maïs	70
Nouilles (blé tendre)	70
Pain azyme (farine blanche)	70
Polenta, semoule de maïs	70
Raviolis (blé tendre)	70
Riz blanc standard	70
Sucre roux/complet/intégral	70
Ananas (boîte)	65
Confiture (sucrée)	65
Farine semi complète	65
Gelée de coing (sucrée)	65
Maïs courant en grains	65
Pain au chocolat	65
Pain bis (au levain)	65
Raisins secs	65
Sorbet (sucré)	65

Sirop d'érable	65
Tamarin (doux)	65
Bananes (mûre)	60
Crème glacée classique (sucrée)	60
Lasagnes (blé dur)	60
Melon*	60
Pizza	60
Poudre chocolatée (sucrée)	60
Riz parfumé (jasmin...)	60
Biscuits sablés (farine, beurre, sucre)	55
Jus de mangue (sans sucre)	55
Ketchup	55
Manioc (doux)	55
Riz rouge	55
Spaghettis blancs bien cuits	55
Tagliatelles (bien cuites)	55
Abricot (boîte, au sirop)	60
Châtaigne, marron	60
Farine complète	60
Mayonnaise (industrielle, sucrée)	60
Pain au lait	60
Raviolis (blé dur)	60
Riz long	60
Sémoule de blé dur	60
Jus de raisin (sans sucre)	55
Manioc (amer)	55
Moutarde (avec sucre ajouté)	55
Nutella®	55
Pêches (boîte, au sirop)	55
Sirop de chicorée	55
Sushi	55

Glucides à index glycémique moyen

Biscuits (farine complète, sans sucre)	50
Jus de pomme (sans sucre)	50
Jus d'ananas (sans sucre)	50
Kiwi*	50
Macaronis (blé dur)	50
Muesli (sans sucre)	50
Pâtes complètes (blé entier)	50
Riz complet brun	50
Topinambour, artichaut de Jérusalem	50
Airelle rouge, canneberge	45
Banane (verte)	45
Banane plantain (crue)	45
Blé (type Ebly)	45
Couscous intégral, semoule integrale	45
Jus d'orange (sans sucre et pressé)	45
Orge	45
Pain grillé, farine intégrale sans sucre	45
Riz basmati complet	45
Seigle (intégral, farine ou pain)	45
Avoine	40
Chicorée (boisson)	40
Barre énergétique de céréale (sans sucre)	50
Jus d'airelle rouge / canneberge (sans sucre)	50
Kaki	50
Litchi (fruit frais)	50
Mangue (fruit frais)	50
Patates douces	50
Riz basmati long	50
Surimi	50
Ananas (fruit frais)	45
Banane plantain (crue)	45
Barre chocolatée (sans sucre de type Montignac®)	45
Céréales complètes (sans sucre)	45
Jus de pamplemousse (sans sucre)	45
Noix de coco	45
Petits pois (boîte)	45
Raisin (fruit frais)	45
Sauce tomate, coulis de tomate (avec sucre)	45
Abricots sec	40
Beurre de cacahuète (sans sucre ajouté)	40
Cidre brut	40
Figues sèches	40

Fèves (crues)	40
Flocons d'avoine (non cuite)	40
Haricots rouges (boîte)	40
Lait de coco	40
Pain azyme (farine intégrale)	40
Sablé (farine intégrale, sans sucre)	40
Sorbet (sans sucre)	40
Jus de carottes (sans sucre)	40
Lactose	40
Pain 100% intégral au levain pur	40
Pâtes intégrales, al dente	40
Pruneaux	40
Sarrasin, blé noir (intégral, farine ou pain)	40
Spaghettis al dente (cuits 5 minutes)	40

Glucides à index glycémique bas

Brugnons, nectarines (blancs ou jaunes, fruit frais)	35
Céleri rave (cru, rémoulade)	35
Compote, purée de fruits (sans sucre)	35
Figue; figue de barbarie (fraîche)	35
Haricots blancs, cannellini	35
Haricots rouges	35
Levure	35
Lin, sésame, pavot (graines de)	35
Moutarde	35
Pain Essène (de céréales germées)	35
Petits pois (frais)	35
Pomme (compote)	35
Pommes séchées	35
Purée d'amandes blanches (sans sucre)	35
Riz sauvage	35
Tomates séchées	35
Vermicelle de blé dur	35
Yaourt au soja (aromatisé)	35
Abricots (fruit frais)	30
Betterave (crue)	30
Confiture (sans sucre)	30
Fruit de la passion, maracudja, grenadille pourpre	30
Lait de soja	30
Lait d'amande	30
Lait** (écrémé ou non)	30
Lentilles jaunes	30
Marmelade (sans sucre)	30
Pamplemousse (fruit frais)	30
Pois chiches	30
Flageolets	25
Framboise (fruit frais)	25
Groseille	25
Cassoulet	35
Coing (fruit frais)	35
Crème glacée (au fructose)	35
Farine de pois chiche	35
Grenade (fruit frais)	35
Haricots noirs	35
Jus de tomate	35
Levure de bière	35
Oranges (fruit frais)	35
Pêches (fruit frais)	35
Pois chiches (boîte)	35
Pomme (fruit frais)	35
Prunes (fruit frais)	35
Sauce tomate, coulis de tomate (sans sucre)	35
Tournesol (graines)	35
Yaourt, yoghourt, yogourt (nature)**	30
Ail	30
Carottes (crues)	30
Fromage blanc** non égoutté	30
Haricots verts	30
Lait frais/poudre**	30
Lentilles brunes	30
Mandarines, clémentines	30
Navet (cru)	30
Poires (fruits frais)	30
Salsifis	30
Tomates	30
Airelle, myrtille	25
Chocolat noir (>70% de cacao)	25
Cerises	25
Farine de soja	25
Fraises (fruit frais)	25

Haricot mungo (soja)	25
Lentilles vertes	25
Pois cassés	25
Purée de noisettes entières (sans sucre)	25
Artichaut	20
Cacao en poudre (sans sucre)	20
Chocolat noir (>85% de cacao)	20
Fructose	20
Pousse de bambou	20
Yaourt au soja (nature)	20
Amandes	15
Blette, bette	15
Cacahuètes, arachides	15
Céréales germées (germes de blé, de soja...)	15
Chou-fleur	15
Choux	15
Concombre	15
Courgettes	15
Endives, chicorée	15
Fenouil	15
Graines germes	15
Haricot coco, mange-tout, coco plat	15
Noisettes	15
Noix de cajou	15
Olives	15
Pesto	15
Pignon de pin	15
Pistache	15
Poivrons	15
Radis	15
Salade (laitue, scarole, frisée, mâche, etc.)	15
Son (de blé, d'avoine...)	15
Hummus, homus, humus	25
Mûres	25
Purée de cacahuètes (sans sucre)	25
Aubergine	20
Cerises des antilles, acérola	20
Cœur de palmier	20
Jus de citron (sans sucre)	20
Ratatouille	20
Soja cuisine	20
Asperge	15
Brocoli	15
Céleri branches	15
Champignon	15
Choucroute	15
Choux de Bruxelles	15
Cornichon	15
Echalote	15
Epinards	15
Gingembre	15
Groseille noire, cassis	15
Noix	15
Oignons	15
Oseille	15
Piment	15
Poireaux	15
Rhubarbe	15
Soja (graines/noix)	15
Tofu (soja)	15
Avocat	10
Crustacés (homard, crabe, langouste)	5
Vinaigre	5
Epices (poivre, persil, basilic, origan, carvi, cannelle, vanille, etc.)	5

* *Bien qu'ayant un IG élevé, ces aliments ont un contenu en glucide pur très faible (5 % environ). Leur consommation en quantité normale devrait donc avoir un effet négligeable sur la glycémie.*

** *Il n'y a pratiquement pas de différence d'IG entre les laitages entiers et les laitages à 0 % de MG. Il faut savoir par ailleurs que bien que les laitages aient un IG bas, leur index insulinique est élevé.*

Michel Montignac a créé une gamme de produits alimentaires conçue dans le respect total des principes nutritionnels de sa méthode (Index glycémiques bas et très bas).
Ces produits sont distribués dans le réseau des magasins spécialisés et épiceries fines. Ils sont par ailleurs en vente sur internet. Pour toutes informations pour acheter ces produits : **www.montignac.com**